9학년의 설렘

9학년의 설렘

초판 1쇄 발행 2025년 3월 31일

지은이 주상윤
펴낸이 장길수
펴낸곳 지식과감성#
출판등록 제2012-000081호

교정 김나현
디자인 오정은, 김희영
편집 오정은
검수 이주희, 정윤솔
마케팅 김윤길

주소 서울시 금천구 벚꽃로298 대륭포스트타워6차 1212호
전화 070-4651-3730~4
팩스 070-4325-7006
이메일 ksbookup@naver.com
홈페이지 www.knsbookup.com

ISBN 979-11-392-2499-3(03810)
값 12,000원

지식과감성#
홈페이지 바로가기

농부시인 주상윤 시집

9학년의 설렘

지식과감성#

시인의 인사말

저는 1934년생으로 일제 강점기 국민학교(초등학교) 시절 일본어로 수업을 받았고, 1945년 해방과 동시에 이북 공산치하에서 살기도 했으며, 1950년 6·25 전쟁으로 가족이 분산되는 아픔을 겪기도 했습니다.

10대 어린 시절에 늙으신 부모님을 모시고 생업을 위한 가장이 되었습니다.

군에 입대하여 복무를 마치고 제대한 후에는 농지 확보를 위해 청초호 공유수면의 갈대밭을 600평 정도 개간하여, 제 나름대로 튼튼하게 방파제를 만들고 벼농사를 지었으나, 벼 출수기에 장마와 폭풍우와 파도로 방파제가 파괴돼 보수 파괴가 반복되는 등 수많은 시행착오를 겪으면서, 자연의 힘을 극복하는 데는 미약한 인간의 노력으로는 한계가 있음을 알게 되었습니다.

그 후 내무부 부속기관인 농촌진흥청에서 공

직 생활을 하다가 교육계로 전환할 수 있는 기회가 찾아와 교사로 임명 받아 교직에서 평생 근무를 마치고 퇴임하였습니다.

퇴임 후 농사를 지으며, 세월은 흘러 제가 80대에 이르렀을 때에, 함께 근무하던 제자 선생이 저에게 글쓰기를 권유했습니다.

내가 살아온 길은 농사와 자연계(과학 선생)인데다 나이도 많은데, 무슨 글쓰기냐, 그것도 시를 쓴다? 저는 손을 내저으며 반대 의사를 표했습니다.

제자의 적극적 권유는 2020년부터 계속되었고, 2023년 가을 무렵 저는 마음의 움직임을 느꼈고, 드디어 무릎을 꿇게 되었습니다.

동료 교사였으며, 제자이자 저의 시(詩) 선생님은 시집도 여러 권 사 주면서 함께 시 대화를 시작하였으며, 60대와 80대가 함께 하는 시 모임 "청춘 시니어 시(詩) 모임"을 만들어 체계적인 시 공부를 하게 되었습니다. 2023년 11월 무렵이었습니다.

매주 1회, 사정에 따라 격주 1회로 정기적인 모임을 정하고 출발한 시 공부는 횟수를 더해 갈수록 조금씩 마음의 눈이 열리는 기쁨을 맛보게 해 주었습니다.

황금 같은 시간을 쪼개어 저를 위해 봉사하는 마음에 저의 마음은 한 짐 더 무거워졌습니다. 이렇게 2년의 세월이 흘렀습니다.

이 시집을 내게 된 이유는 제 글이 멋지고 훌륭한 시라서가 아닙니다.

시를 공부하면서 자연과 인간과의 관계에서 많은 깨달음이 있었기 때문에, 특히 격변의 세월을 함께 살아온 8090세대의 마음에 공감을 나누고 싶었기 때문입니다.

시를 읽고 쓰다 보니

대충→세밀 / 부정→긍정 / 악→선 / 역행→순행 / 불평→화평 / 불만→만족 등

글이라는 것이 공동체 생활의 윤활유 역할을 한다는 것을 깨닫게 되었습니다.

그리고 저의 인생에서 만난 사람들께 미처 표현하지 못했던 고마움을 시로 전달하고 싶은 마음이 생겼기 때문입니다.

또한 과거에 꿈을 품고 있었다면 나이에 상관없이 그 꿈을 펼쳐 보라는 메시지도 전하고 싶었습니다. 이제 저의 시를 통해 이것은 제 삶의 기록이라고 생각해 주시기 바랍니다.

끝으로, 이 시집이 완성되기까지 저의 시(詩) 선생님이자 우리 시 모임의 관제탑이며 안테나 역할을 하여 주신 권혁녀 박사님께 깊은 감사를 드립니다. 아울러 많은 조언과 힘을 북돋워 주신 주강윤 회원님과 김영숙 회원님께 큰 감사를 드립니다.

계절이 바뀔 때마다 수백 리 길, 춘천에서 영(嶺)을 넘어 속초까지 찾아와 격려와 조언을 하여 주신 제자 김웅기 교장께도 고마움을 전합니다. 그리고 삼락회 회원 동문들께도 감사드립니다.

2025년 2월 주상윤

목차

Ⅰ. 삶과 자연

Ⅱ. 인연과 그리움

Ⅲ. 꿈과 설렘

Ⅳ. 감사와 봉사

제자의 축사

Ⅰ. 삶과 자연

콩의 일생

봄은 무르익어
어느덧 오뉴월
허리춤에 콩알 넣고
허리 굽혀 호미로 골을 파
콩알 서너 개씩 묻는다

하늘 비 내려
싹이 올라
암흑세계에서 세상 구경
즐거워

비료 영양제 도움받아
어린 싹 맘대로 숨 쉬고
파릇파릇 쑥~쑥 자라나
본엽 여섯 마디쯤에서 순 지르니

아이고 아파라!

가지 자람에 바랭이[1]가 성가셔
몹시도 성가셔
삼복더위 지나면서
홍역처럼 꼬여 드는 노린재

감추었던 녹색 꿈 조심히 펼친다
가을 햇살에 그 꿈들이 익어 통통하게 여물면
기역 낫에 목이 꺾이고
방망이로 두들겨 맞고
비로소 세상 밖으로 나오는 꿈 덩이들

다시 한번 부풀려지고
메주로 만들어져
간장, 고추장, 된장으로,
더러는 두부로

---

1) 생명력이 매우 강한 잡초의 일종

콩의 일생은
된장에서 화룡점정(畵龍點睛)을 이룬다
된장국, 된장찌개 한 순갈
된장 5심(五心)[2)]이
내 몸을 감싼다

나의 삶도
우리의 삶도
된장처럼…

---

2) 된장이 지닌 다섯 가지 덕성으로 단심(丹心), 항심(恒心), 무심(無心), 선심(善心), 화심(和心)

4월

싹트고 꽃 피고
열매는 어떻게 자랄까
마음 설레는
청명(淸明), 곡우(穀雨) 들어 있는 달

갈고 씨 뿌리고
자르고 매고 따 내고
씌우고 거름 주고
밤인지 낮인지 사력을 다하는 달

탐스럽게 자라나는 열매
지인에게 나눠 주고픈 마음
땀방울 송글송글
일하는 나

새벽을 알리는 꼬꼬는
나의 잠을 깨우는 자명종
밭둑을 졸졸 따르는 멍멍이는
나를 응원하는 친구

훈풍에 산들바람에
때로는 비바람에 태풍도 한 가락
따스한 햇살 뜨거운 땡볕
모두가 어우러져 준비하는 달

인간과 자연이 서로를 돕고
그 작은 노력이 모여
일 년 농사 전체를 이루게 하는 달
작은 힘들이 모여 한 세상 만들어 간다

9월

겸손해져 고개 숙인 태양
낮과 밤이 경쟁하다
그 길이가 같아지는 달

밤사이 가늘었던 줄기 잡초들
쑤~욱 자라 작물 영역 침범하여
주인 행세함을 한두 박자 늦추게 하는 달

훅훅
지면에 토해 내는 열기에 맞서
품어 낸 바다 한숨도 사라지고
한반도 어류들을 춤추게 하는 달

무더위에 못 이겨 벗어 던진 얇은 옷도
아니,

추운 겨울 겹겹이 걸친 갑옷도
아니,
몸을 감싼 버거운 옷이 아닌
중용과도 같은 9월의 옷을 입게 하소서

곡간(穀間)

잘 익은 곡식과 과일 거두는 가을
덜 익은 수확물은
올해도 상자에 담아
낡고 오래된 곡간문 빗장을 열었다

층층이 쌓인 상자 탑
그리고
봉인된 망각의 독 하나

나만의 멋진 탑을 쌓으리라 다짐하며
국민학교 이후 하나씩 쌓아 올린 상자
세월 따라 어느새 여든두 상자

망각의 독 뚜껑 열어
올해의 괴롭고 힘든 일 집어넣으려다

끝내 다 넣지 못하고 닫았네

이제 그만
그만해라, 나가라
재촉하는 세월의 시계 소리

마음은 청춘
몸은 따르지 않으나
아직도 나에게는
꿈의 공간이 있다네

담쟁이덩굴

담쟁이덩굴은
담장을 타고 올라 그 이파리들은
맑은 공기 내어주고 나쁜 공기 흡수하며
그렇게 정화 작용을 한다

하지만 나무를 만나면
조용히 감아 올라가
끝내 그 나무의 숨을 앗아 간다
담쟁이덩굴의 이중성

인간도 재능을 환경에 맞게
조화롭게 펼쳐야 한다는 교훈
그렇지 않으면
자신의 힘이 누군가를 고사(枯死)시킬 수 있음을

바랭이 제초

한여름에 가장 잘 자라는 바랭이
어릴 때는 곧게 자라고
군집해서도 곧게 자라고
군데군데 자라는 놈은
넓게 뻗어 자란다

어린 바랭이는 소리 없이 잘 뽑히고
밀집하여 곧게 자란 놈은 힘들게 뽑히며
외톨로 자란 놈은 뿌드득 소리 내며 뜯어진다

식물도 환경에 따라 생장 방식이 다르듯
인간도 환경에 따라 생명력이 다르고
서로 다른 방식으로 다른 길을 간다

이것이 삶의 지침

각자의 터전에서
어떤 방식으로든
삶에서의 생명력을 키우는
길 찾기

사는 법

나는 자그마한 농장을 가꾸며
살아가는 법을 배운다

식물은 거짓이 없으며
자극에 대한 반응을 숨김없이 나타낸다
좋은 환경에선 기쁘고 즐거웁게 자라며
나쁜 환경에선 고통을 인내로 극복한다
식물마다 고유의 냄새로
벌레와 동물의 피해를 막는다

정직, 인내, 상부상조
그것이 삶을 사는 법이다

상추에는 나비가 오지 않으며
고라니는 들깨 강낭콩을 먹지 않는다

콩, 팥은 고라니가 좋아하지만
들깨와 콩과 팥을 혼합 재배하면
고라니의 피해를 막을 수 있다

이처럼 모두 함께 어울려 살면
서로가 힘을 보태는 사회를 이루리라

야경의 불빛

태양이 숨어 버린 밤
집중 조명 받은 아스팔트 대로엔
백색 융단이 깔리고
그 위로 민들레 홀씨처럼
분주히 어디론가 달려가는
자유로운 자동차들의 불빛

빨간불과 초록불의 신호들은
삶은 위험과 안전을 반복하니
조심하며 살라는 불빛

듬성듬성 보이는 교회 지붕 위
빨갛게 빛을 발하는 십자가는
꿋꿋이 견디라는 불빛

어둠을 이기려는
불빛 야경은
위로의 선물처럼
때로는 부드럽게, 때로는 강하게
격려와 희망의 신호를 보내며
도시의 숨결 속에서 조용히 속삭인다

울산바위

나의 애착 용마에 몸을 싣고
경작지에 도착하면
울산바위[3)]가 반긴다

울산바위는 늘 의연한 모습으로
구름을 모으고, 보내고,
때로는 휘감기도 하고, 두르기도 하고
그날그날 색깔도 다르다

층이 같은 구름이 만나면
구름 덩이는 점점 커지고
구름층이 다르면 스쳐 가는 구름이 된다

---

3) 강원도 속초시 설악동과 고성군 토성면 사이에 위치한 바위산. 병풍처럼 우뚝 솟은 거대한 화강암 덩어리가 하나의 산을 이루고 있다. 속초에서 바라보는 뷰가 아름다워 수많은 시인, 화가, 사진작가들이 찾는 속초의 관광 명소이다.

구름 덩이가 커짐은
기쁨이 더해지는 것 같고
그저 지나가는 구름은
스쳐 가는 인연처럼 보인다

울산바위와 구름을 바라보며
또 한 번 질문을 던진다
'나는 무엇을 남기고 갈 것인가?'

아기자기하면서도 우뚝한 울산바위
주변을 감도는 구름처럼
우리도 변해 가며
지나가겠지

조 재배

시름시름 앓다 자리에 누우신 아버지
학생모 쓴 내 손엔 호미가 쥐어졌다
책임감 짓눌린 채 밭으로 향했다

보릿고개를 힘겹게 넘기고
칠월 상순 보리 수확 전
좁씨를 햇골에 뿌렸다

해가 기지개 켜지 않은 새벽 뚫고
해가 다시 잠들러 갈 때쯤 일터에서 돌아오는 길
오직 알알이 맺혀 고개 숙인 조 이삭만 생각
했다

한참 자라야 할 시기

멸강나방[4] 유충 떼 습격에
잎줄기만 대부분 남았다

영양제가 필요한데
비료 배급제로
그저 땅심만을 기다려야 했다

기근으로 한 톨의 먹거리가 아쉬운 때
놀란 가슴 추스려 수확해 보니
평년작도 미치지 못했다

다음 해 희망을 걸고
남은 씨앗을
소중히 담았다

---

4) 7월에 우화(羽化)하는 밤나방과 나방이다. 우리나라에서 월동이 가능하지 않다. 때로는 대거로 발생해 잎이 거의 남지 않을 만큼 볏과식물에 큰 피해를 주기도 한다.

가끔 조밭을 지날 때
나도 모르게 등줄기에 식은땀이 흐르고
그때의 아찔한 기억이 떠오른다

조도(鳥島)

바다 수위를 이긴 섬
차가운 바다에 몸뚱이를 맡기고
고개만 내밀어
부러움에
육지를 바라본다

오랜 세월
짠물과 바람에 시달려
푸석해진 틈 그 사이를 비집고
육지에서 날아온 솔씨들 뿌리 내려
섬 머리에 숲이 생겼다

그곳을 지나가던
가마우지 무리들에게
보금자리로 내어주며

그 섬은
새들의 섬이 되었다

세월이 지날수록
가마우지 배설물이 온통 뒤덮여
숲이 병들고 점점 사라지자
가마우지 무리는
그 섬을 떠났다

속초 사람들은 그 섬을 지금도
조도[5]라 부른다

---

5) 속초해수욕장 앞에서 보이는 섬

함박눈

2024년 2월 14일 기온은 19도
그런데, 오늘 15일 함박눈이 내린다

아침에 일어나 출근할 준비를 하며
평소보다 30분 일찍 움직였다
앞 유리창에 쌓인 눈을 치우고
차 시동을 걸고 큰길에 나섰을 때
깜짝 놀랐다
큰길은 어느새 눈이 말끔히 치워져 있었다
속초시의 노력이 빛나 보였다
8시, 주변을 돌아보고
또 한 번 놀랐다
나뭇가지마다 피어난 아름다운 눈꽃들!

어느 예술가의 작품인가?
자연은 무한한 아름다움을 이루어 낸다

가로수

출퇴근길에 가로수를 만난다
질서 있게 서 있는 가로수가 우리를 보고 있다
조용히 걷거나 폰으로 중얼거리며 오가는 이
각종 차량도 오고 간다

가로수는
우리에게 산소를 주고 매연은 받아 간다
가로수를 발로 차는 사람
위험하게 앞지르기 하는 차량
우리가 무슨 짓을 해도 말이 없다

가로수는
봄에는 꽃과 향기로
여름에는 푸른 잎 우산으로
가을에는 오색 단풍으로

우리를 즐겁게 해 주고
거울에는 앙상한 가시반으로
돌아올 봄을 위해 겨울잠에 든다

가을바람

어느 틈엔가 다가와
귓가를 가볍게 지나는 바람
멈추기도 약하게 강하게 스치기도 한다

어디서부터 힘겹게 끌고 온 건지
응어리진 구름 덩이

바람 입김으로
조각조각 흩어 놓으면
순식간에
하늘 미술 전시회가 펼쳐진다

지상의 자연물을 악기 삼아
현을 타는 바람의 연주 소리에
익어 가는 곡식과 과일의 향긋한 냄새

그 향기를 담은 바람은
다시 내게 스치듯 지나간다
가을바람은 그래서
달다

겨울꽃

창백한 하늘에 사뿐히 내리는 눈꽃 송이
잎이 다 떨어진 나뭇가지에 내려
공허함을 채워준다

휘몰아치는 광풍을 만나면
아름다움은 뒷전에 제쳐 놓고
질서를 어기며 땅에 굴곡을 만든다

호수와 바다에 내리면
금방 사라지는 그 모습
호수나 바다가 눈꽃송이를 삼키듯
차가운 물결 속으로 사라진다

내리는 눈꽃이 세상을 채워 아름답고
때로는 그 자리에서 사라져 더 아름답다

덧없음 속에 완벽함을 찾는 것처럼
그 순간 겨울꽃은 영원히 빛난다

고구마

원고향은 중남미
바다 건너
한반도 오고 보니 구황작물

땅에 줄기만 묻어도
새로운 뿌리가 나고
조건이 좋으면
놀랄 정도로 잘 자라
온 밭을 뒤덮는다

한여름 지나 캐어 보니
줄기마다 주렁주렁
누운 어미 돼지가 새끼 돼지들 젖 먹이듯

친지들 나누어 주니

고맙다는 말 한마디에
가꾸넌 밤방울 온데간데없고

차디찬 한겨울
김 모락모락 나는 군고구마
호~ 호~ 불며 베어 먹을 때
전해지는 노오란 온기
그래서 사랑의 이름표를 받았나 보다

구름

내게 온 구름이
새털처럼 가볍게 와서
금세 사라지면
얼마나 좋을까

내게 온 구름이
점점 몸집 커지더라도
작은 하늘이라도 볼 수 있다면
얼마나 좋을까

내게 온 근심이
하늘마저 가린 구름이라면
기꺼이, 끝까지 찬비 견디고
맑은 하늘 보리라

근심 걱정은 구름과 같다

눈에 보이는 모양과 색이 다르다
바람을 가르며 날아가는 하얀 새들
저항을 이기지 못해 떨어진
깃털들이 머문 새털구름

목화솜 베틀 짜는 한 맺힌 여인의 솜씨인가?
목화솜 한 덩이 한 덩이
바람에 실려 올라 머문 뭉게구름

찬 바람이 부담스러운 이가
내뱉은 하얀 한숨이
만든 흰 구름

근심 많은 선비 작품인가?
붓을 들고 검은 먹 흠뻑 묻혀 색을 입힌
먹구름

높이에 따라 다른 생김새
여러 형태로 장시간 머무르기도
스쳐 지나가기도
작은 구름 덩이 큰 구름에 합쳐지기도
흩어져 없어지기도
햇빛의 도움으로 찬란해 보이기도

방대하고 상상을 초월한 무게
온갖 구름 덩이
바람에 밀려가다가
힘겨우면 쉬어 가기도
더 지치면
눈, 비, 우박으로 떨어지는 구름

바람의 힘으로
내 마음속 무거운 구름
멀리 흩어졌으면…

신비로운 과일나무

이른 봄
병든 가지, 그늘진 가지 잘라 내며
힘들었던 감정도 베어 내었다

따뜻한 바람에
새롭게 난 곁가지 손등엔
피지 말아야 할 꽃들 떼어 버리며
부질없는 미련마저 함께 버렸다

꽃잎 진 자리
어린 열매 맺힐 때
열매 맺지 못할 자리에
가지가 나지 않기를
간절히 빌었다

여름철
성장한 복숭아엔
벌레 침입 막느라 어느새 짧게 자라난 고운 털
강한 햇살에 견디지 못해 발갛게 익어 버린 문신
생명을 지키려는 씨앗이 만들어 낸
신비로운 모양의 의지의 곡선(曲線)

7~8월 목이 타고 허기질 때
복숭아 한 조각 한 조각 씹어 삼키면
더위가 사라지고 배도 부르니
여름 과일로는 최고이나
저장이 어려워 한 철 과일이라 아쉽다

해마다 잘라 낼
새 가지가 나오듯
버려야 할 감정이
다시 피어나는 건 어쩔 수 없는 일이다

차라리 잊지 못하겠다고
솔식하게 말할 용기 없는
복숭아나무와 나

우리의 삶을 자연에서

저쪽 산을 바라보면
침엽수 군락, 활엽수 군락
단순하게 느껴진다

이쪽 산을 보면
침엽수와 활엽수가 함께 줄지어 있다
정겹고 아름답다

바다는 수평선이 아름답고 장관이다
잔잔한 바다에 배가 오가고
새들이 날아다니면 아름답고 평화로운 느낌
파도가 출렁이면 생동감
더 센 파도는 역동감
우리의 마음은 평화와 생동감
때로는 역동적인 힘이 필요해

하늘을 보라
맑은 하늘은 맑아서 좋고
구름이 뭉치고 흩어지며 오색구름 만들면
자연의 신비에 가슴 설레고
우리 마음은 넓어지고 안정이 된다

요즘의 가정을 보자
혼자 살거나 부부만 살면
웃을 일이 거의 없어 어항 속의 금붕어 꼴
아이와 아기들이 함께 있다면
울고 웃고 재잘재잘 쿵쿵 소리
웃음소리 끊이지 않아
사람 사는 느낌
아기들의 울음소리 웃음소리 듣고 싶다

달력

달이 지구 한 바퀴 돌고 올 때마다
달력 한 장을 넘긴다
달의 자전 주기는 2732일 정도
공전 주기는 대략 295일

이번 달 첫날은 말이 먼저 반기기 시작해
날이 바뀔 때마다
차례차례 열두 개 동물이 지나간다
어느 동물도 사라지지 않고
자부심을 잃지 않는다
연월일(年月日)을 동물로 표시한
나의 친구, 음력 표시 커다란 달력

지구 행성에 존재하고 보이는 모든 것
월 화 수 목 금 토 일 모든 날

귀하지 않은 것이 없다

젊은 날
빨간 숫자만 반기고
검은 숫자가 얼른 가기만 바라던 마음

나이 들어 다시 보니
달력에 자연의 섭리가 보이고
태극기가 보이는데
십이지 동물들은 너무 빨리 달린다

TV 리모컨

리모컨을 누를 때마다
텔레비전 채널을 원하는 대로
바꾸는 것처럼
잘못한 선택을 다시 바꾸면
얼마나 좋을까?

리모컨처럼,
이전 채널을 다시 되돌릴 수 있다면,
잠시 껐다가 다시 켤 수 있다면,
어떤 실수도 다시 시작할 수 있을 텐데

리모컨 기능은 점점 완벽해지지만,
우리는 시간이 흐를수록
마음대로 할 수 없는 세상에 살고 있다

새로운 선택을 위해
그 선택이 가져오는 결과를 알면서도
우리는 계속해서 채널을 돌리고
다시 시작할 기회를 찾아 헤맨다

그래서 오늘도
우리는 리모컨을 켠다

Ⅱ. 인연과 그리움

80대에 떠난 세 친구

함께 심은
어린 들깨
수줍게 꼬투리 펼쳐
흰 들깨 알 빼곡히 갈색 알갱이로 익어 갈 때
낫으로 꺾어 단을 묶고
가을바람에 말려
들깨 털이 함께하던
세밀하고 정교한 친구

함께 치매 환자를 방문
따스한 위로를 건네던 친구
어떤 어려움에도
강한 신념과 용기를 잃지 않던 친구

사계절 아름다운 정원 가꾸어

사람들의 발을 멈추게 만든
차분하고 온화했던 친구

친구들과 함께한 시절

실수 많은 내게 침착함을,
선뜻 결정 내리지 못하는 내게 용기를,
화난 마음에 차분함을
일깨워 주던 친구
그들 고맙고 그리웁다

나들이 시 공부

나들이 장소는 설악산 켄싱턴 호텔
내일모레쯤 소설(小雪)이라 그런지 날씨는 쌀
쌀한 편
청춘 시니어 시 모임 회원들과 한 차를 타고
노~오랗게 물든 은행나무 가로수 길을 따라
군데군데 떨어져 수북수북 쌓인 단풍잎 보며
차 안에서 이야기
가을 단풍을 거닐며 낭만에 대해 이야기하던 중
목적지 도착
하늘도 환영하듯 햇빛도 한몫 도와준다
설악산 품속에 안기듯 위치한
영국풍의 켄싱턴 호텔 분위기에
놀라며
9층 양식당 애비로드에 도착
구순(九旬)을 축하하는 회원들의

정성 담은 꽃다발을 받으니
그저 가슴 벅찰 뿐
더 이상의 말이 있겠는가

동쪽으로 난 창문 밖을 바라보니
짙게 물든 단풍잎들이 파~르르르 춤추며 환영의 손짓
지난주 지내 온 근황 등 환담을 나누는 동안
스테이크 정식이 순서대로 식탁에 오르고
예쁘고 깔끔하게 담긴 음식 접시들을 찰칵!
평소에 보기 드문 메뉴로 맛있게 배 채우고

시 공부에 들어간다
나의 자작시 「선(線)」 시 낭송에 이어
회원들 각자의 느낌과 질문,
내가 시를 쓰게 된 동기, 시의 모티브
시(詩) 대화를 이어 가는 동안에

새로운 시상(詩想)이 떠오르고,
영감(靈感)이 떠오른다
두 번째 시는 「아가 소리 듣고 싶다」
같은 순서로 시(詩) 대화를 나누는 동안
다른 각도의 생각이
샘물처럼 올라온다

회원들이 나를 시인이라고 불러 줄 때마다
쑥스럽고 부끄럽고
그러나 알지 못할 기쁨도 밀려온다

시 공부 마치고
호텔 안의 장식품을 둘러보며
기념사진을 남긴다
아쉬움을 뒤로한 채 밖으로 나오니
햇빛은 구름에 가리고 실바람 하나 없이 고요
했다

색다른 분위기
고급스러운 시 모임 장소를 떠남이 아쉬워
내 마음 하늘도 아쉬워하는 듯
돌아오는 길에 삶의 끝맺음 이야기하며
추억의 하루
안녕, 안녕!

(청춘 시니어 시 모임 2024. 11. 19.)

동창회

푸른 청춘들로 뭉쳤던 우리
그때 그 시절 어디로 갔는가?

즐거웠던 일, 슬펐던 일
긴장 속의 순간들
서로 모여 격려하며
위로와 이야기
나누었던 동창들

가는 세월
늘어나는 것은 반기지 않는 나이
줄어드는 것은 정담(情談) 나누던 친구의 수

그저 묵묵히 삶을 살아가며
이제 '노인'이라는 말보다

'어르신' 되기를 바라는 마음

헤어지는 발걸음
서로의 가슴속 아쉬움이 남고,
백발의 노신사들
서로 손잡고 흔들며
다음 만날 날 기약하며
작별 인사 건넨다

삶

누구나 엄마의 따스한 품에서 태어나
세상의 빛을 처음으로 맞이한다

한때는 붉은 꽃 한 송이
한때는 푸른 꽃
한때는 초록색 꽃
한때는 흰[6] 꽃을 들고
길을 걸어왔다

흐르는 세월 속에
한 송이, 한 송이 모아
꽃다발 되어 등에 지고

---

6) 붉은색: 열정, 힘의 상징
푸른색: 차분함, 안정감
초록색: 자연과의 조화
흰색: 순수함, 평화의 상징

이 마을 저 마을로
떠났나

힘겨워 못 간 곳
꽃다발을 쥐어짜
숨을 뱉어 내고,
바람에 실어
그리운 길을 전하려 했다

물에서는 물고기들이
하늘에는 새들이
육지에서는 초목과 생명체들이
춤추는 날
맞아 주기를

아직도 소망이 있다면
세상의 아름다운 일들
우아한 진에다 나눠 주기를

삼락회(三樂會)

배워서 교사 되고
배운 것을 다시 가르치고
퇴임 후에도 봉사하는 즐거움
그것이 삶의 즐거움이라 여겼던
퇴임 교사의 모임, 삼락회(三樂會)

교사 시절
열악한 교육 환경 속에서
늘 경쟁만이 존재했던 학생들만큼이나
교사도 평가받았던 그 시절
긴장감 속에서 지내던 하루하루

칠판에 판서하며 들이마신 분필 가루
소매와 깃에
그리고 내 마음속에 깊이 스며들었고

박봉에 팍팍한 살림살이
도시락 싸 가지고 출근하던 시절

육십다섯에 비로소 퇴임하고
이제는 전우와 같은
나의 삼락회

지금 생각해 보니
힘든 순간들도 있었지만
같은 상황을 겪었기에
더욱 깊은 유대감
나이 들수록 배운 것을 나누고
이웃에 봉사하고
서로에게 힘이 되어 주는 모임
이것이 우리 삼락회의 참된 의미

솜 목도리

밤새 눈 내린 날
솜 목도리 두르고
짚신은 너덜너덜
걱정스레
싸리 울타리 문 열고
아홉 살 동년배 친구들과
소학교 향하는 길

산등성이 매서운 칼바람
얼어붙은 몸 이끌고
다다른 교문
익숙하지 않은 히라가나
수업 마치고
교문을 나서면
다시

산등성이 매서운 칼바람
돌부리에 재어
짚신 끈 떨어지고
맨발로 다다른 싸리문

반기는 엄마
반짝이는
솜 목도리와
엄마의 은비녀

비둘기

오늘은 참깨 털이 수확하는 날
밭두렁 안쪽으로 들어서는데
세워 둔 참깨 단에서
푸드덕 꿈틀
무언가 움직인다

깜짝 놀라
참깨 단 덮어 놓은 비닐 끝을
양손으로 잡는다
움키듯 잡고 보니 꿈틀대는 비둘기
황급히 울타리 틈새로 날려 보낸다

비둘기는 흔히
쌍쌍이 다니거나 무리 지어 다니는데,
어찌하여 너는

짝을 잃고
이 밭두렁에서 벅이를 찾고 있나?

지난밤 아슴푸레 꿈속에서 뵈던 당신
옆에 앉아 내게 한 말 “여보! 고단하지요?”
하늘하늘 손을 흔들며 겸연쩍은 미소로
내 잠을 깨우더니
오늘 비둘기로 내 밭에 왔는가?

참깨랑 콩이랑
많이 자셨는가?
미안해하지 말고
가끔가끔
오시게

시간의 착각

기쁘고 즐거운 시간은 짧게
슬프고 고달프면 길게 느껴진다

행복은 지나가면
어느새 그 끝이 가까운 듯 느껴지고
고통은 그 시간이 길어질수록
무겁게 다가와 마음을 짓누른다

물리적 시간은 변하지 않으나
심리적 시간은 기분이나 감정에 따라 다르다
우리의 마음이
시간의 길이를 다르게 한다

기쁨의 순간을 좀 더 소중히 여기고
슬픔의 시간은 머지않아 지나가리라 믿으며

시간의 찰나 속에서
오늘을 살아간다

아가 소리 듣고 싶다

아가 울음소리 대신
동물의 울음소리
식구는 줄어드는데
동물은 늘고

아가 안고 즐기던 기억
이제는 가물가물해져
동물 안고 즐기는 소리
방 안을 울린다

아가 소리 듣고 싶다
그 맑고 힘찬 울음소리,
내 마음 깊은 곳에서
잊힌 듯 깨어나는
그 옛날의 사랑

그리움의 노래

아가 소리 듣고 싶다

장롱

안방 한쪽 벽에 자리 잡고
오랜 세월 함께한 세 짝 장롱
집 밖을 나서는 내게
자존심 잃지 말라며
빳빳하게 다린 옷 내어 주던
손길과 목소리

다른 한쪽 옷장 문을 열면
여러 해가 지나도
바뀌지 않은 옷들
한눈에 알 수 있는 옷가지들이
망부석처럼
그 자리에 있었네

장과 장 사이 이어진 이불장엔

차곡차곡 겹겹이 쌓인 이불
그 이불처럼 함께한 세월

꽃 피는 봄 갑자기
꽃구경 가듯이
멀리 떠난 당신

당신 옷가지, 함께 덮었던 이불
흰 보자기에 싸서
이별 택배 보내고 나니
장롱 속엔 주인 잃은 머리빗과 옷솔 하나
당신 곁으로 가는 날
마저 가져가렵니다

전봇대

길 가장자리에
일렬로 늘어선 긴 원기둥
양쪽으로 펼쳐진 팔의 무게 감당하며
묵묵히 버티고 있는 회색 몸뚱이
사람들 시선을 끄는
화려한 꽃도
단풍나무도 아니지만
도로의, 골목길의 표지(標識)가 된다

어릴 적엔 숨바꼭질 술래의 위치
새들에겐 아침저녁 좋은 쉼터
전봇대 기둥마다 고유번호는
자연재해 어느 순간 나침반 역할

전선(電線) 지중화(地中化) 시책으로

이제는 추억 속으로
시서히 사라져 갈 선못대

창고를 짓는다

창고는 마음과 같아
한번 지어 놓으면 고치기가 어렵다
위치, 크기, 방향
여러 요소가 얽히고설킨다
기본 철주를 세우고
왔다 갔다 하며
철사로 고정한다
만족하기엔 모자라고
다시 수정할 곳을 찾아
팔뚝에 힘을 준다
다른 이의 의견도 들어 봐야지

마음도 그런 것일까?
투영하고 비교하며
새로운 창고를 짓는 것처럼

하늘 계단으로 향하는 길

지상에서 하늘 문으로
계단 오르는 길
슬픔, 후회, 아쉬움 덩어리들 남아
발걸음 무거워지고, 올라가기 버겁다면
용서 꽃구름 만들어
뜨거운 눈물비로 모두 녹이고
가벼운 발걸음으로 올라가리

마지막 계단에 다다라
뒤돌아보면
행복과 기쁨의 꽃 한 다발
가슴에 안고 가니
하늘 문 활짝 열려
그리웠던 이들에게 선물하리

흰 고무신

댓돌에 놓인 고무신 한 켤레
풀잎 베이고 돌부리에 치인 상흔만 가득하다

두꺼운 진흙 밑창 하나를 더 달고 있는 고무신
온통 진흙으로 뒤덮여 있다
물 잔뜩 먹은 그 밭은 질퍽거렸겠다

겨울 동지 차가운 기운이
아버지를 데려가던 날
굳어진 발을 삼베로 감싸안았다

댓돌에 놓인 주인 잃은 고무신 속
칼바람만 그 속을 채웠다
그제야 아버지 고무신이
흰 고무신임을 알았다

귀 기울이면

노화가 그 정신마저 잠식하여
마음마저 약해져 있을 때
툭 내뱉은 한마디 말에
내게 귀 기울이며 나를 이끌어 주었다

조물주가 숨을 불어 넣은 것처럼
내 영혼에 새로운 살이 붙고
새로운 눈을 뜨고 새로운 호흡을 한다
이제 이전 세상의 낡은 책장을 넘기고
새로운 이야기를 써 내려간다

나이 들수록 아집보다
다른 사람의 말에 더 귀 기울여야 한다
그들의 말 속에 담긴 경험과 진심이
나를 변화시키고 나를 채운다

귀 기울이며 함께 가는 길
그 길이 곧 성장이 아닌가?
서로의 소리 속에서 길을 찾고
그 길 위에서 우리는 함께 성장한다

그림자

예나 지금이나 함께하는 존재
나의 그림자
빛 받으면 나와 함께하지요

어두워지면 가슴속으로 들어갔다가
해가 비치면 번개같이 나와
내 옆에 있지요

세월이 흐를수록 그리운
나의 그림자
나의 동반자

하늘나라는 편안하시오?

나의 동반자

등짐에 망태 메고
입에는 부리망[7)]
망태 하나에는 6·25 전쟁으로 부모 잃은 조카 넷
또 하나의 망태에는 내 자녀 셋

주인이 앞에서 끄는 대로
순종하던 암소

등짐, 망태, 등지게, 부리망 벗고
꽃길도 밟아 보지 못한 채
먼 길 떠난 나의 암소

눈을 뜨나 눈 감으나

---

7) 소가 논이나 들에서 일을 할 때 다른 작물을 해치지 못하게 입을 막아 두는 일종의 입마개(마스크)

불러도 대답 없는

한없이 부르고 싶은 당신!

나의 아내

특별한 향기 없어도
내 가슴에 향기를 남겨 준 여자
그 사람을 불러 봅니다

평생 내 그늘에 가리어
빈 고동 껍데기가 되어 버린 여자

가슴속 향기 꺼내 보니
내 손을 연분홍빛으로 물들인 여자

그 여자는 바로
엄옥현입니다

벌초

4대조 조상님들의 묘와 그 주변
무허가 잡초들이 난무하다

이글거리는 태양에 맞서
영면해 계신 조상님들이 화들짝 놀라실까
조심조심 구시대 이발사처럼
낫과 전지가위로 이발해 드리려니
그 자손들은 힘겹다

마지못해 든 예초기
요란한 기계음과 함께
힘없이 쓰러지는 잡초들

긁개로 봉분 빗어 드리면서 든 생각
사진도 없는 조상님

키와 몸무게는? 이목구비는?
생전에 삶의 철학은?
꼬리를 무는 조상님에 대한 궁금증

어느새 말끔해진 봉분들에
겸허히 고개 숙여 예 올리고
혈족 자손들과 자리를 떴다
좁다란 산길을 한 줄로 내려오며
떠오른 조상님들과의 연결고리
핏줄!

선(線)

누군가
파도 물결처럼
갑작스레 훅 밀려와
내 감정선을 건드릴 때
화들짝 놀라
뒷걸음치며 선을 긋는다

때론 저마다의 잣대로
그려 놓은 선을 보며
상처 주지 않으려고
상처 받지 않으려고
나는 새로운 보호선을 그었다

그러나
세상이 그려 놓은 인식선 앞에

멈칫 발을 멈추고 말았다

더 이상 넘을 수 없다는 선
더 이상 할 수 없다는 선
굳은 의지로 그 선을 넘었을 때
들려오는 삶의 선율

오늘도 그 선을 끊임없이 넘으리라

오래된 사명

스무 평 남짓한 공간
선택된 육십여 명의 학생들
그들과 함께 주어진 사명
목표는 엄지!

애처로운 마음도 있으나
굳은 심지 하나 박아 비장한 각오
전화기도 드물던 시절
촘촘한 비상 연락망
자전거 타고 가정 방문

학생들과의 문답 신경전
학생이 오답이면 선생은 불청객
학생이 정답이면 반가운 선생님
일 년 후, 그 열매는 달아

반세기 훌쩍 지나 다시 만난 제자들
이름만 기억할 뿐
모두 변한 얼굴 모습
흩어진 기억 조각들 맞추다 보니
완성되는 젊은 교사의 열정
육십여 명 학생들 안에
떠올렸던 사명

사명의 끈이 다시 만남이 되어
이제는
어떻게 사는지,
어떻게 살아가야 할 것인지
제자들과의 문답 속에
끝나지 않고 이어지는 또 다른 사명!

벚나무와 나

살랑이는 바람에
꽃비 내리는 봄날
연분홍 양탄자 길에
떠오른 당신

꽃가지마다 벌어진 별들
청랑한 새소리
가지들 사이로 비추이는 빛 한 줌
부러진 꽃가지 하나와
껍질로 뒹구는 고통 하나 들고
집에 오는 길에

아무래도 지킬 자신이 없어
발걸음을 돌려 그것들을
제자리에 놓아둡니다

꽃가지와 새소리
빛 한 줌과 빈 고농
모두 꽃길에 돌려주고
집에 와 보니
주름진 손바닥이
어느새 연분홍빛입니다

인연

식물이 없어도 땅은 그대로 있다
땅이 없으면 식물은 싹을 틔울 수 없다

인연도 그러하다
새로운 만남이 시작되고
그 안에서 우리는 성장한다

땅이 식물에게 생명력을 주지만
식물도 땅에 생명력을 불어넣고
땅 위에서 자라 꽃을 피운다
꽃을 피우지 못하고 시들기도 한다

그럼에도
우리는 결국 인연이었음을 알게 된다

장미

하얀 카라에 감색 교복 입은
단발머리 여학생들
누군가의 말에도 상처받기 쉬운
사춘기의 소녀들에게
따뜻한 스승이 되고 싶었다

그 시절 인연으로 만난 두 제자
지난 세월 열정과 노력으로 살아온 그녀들
뜻밖에도, 어떻게 알고
작년 시상식에 나타나
백발 노스승에게 안겨 준
빨간 장미, 파란 장미
그 장미를 닮은 그녀들

고맙다!

너희가 내게 보여 준 마음처럼
내 마음도 너희에게 닿기를
그 시절의 추억
가슴에 품고 오늘도 살아간다

제자를 기다리며

크고 큰 그림을 그리는 임
해파랑길을 걸어오는 임
수천 리 남쪽 부산에서 통일 전망대까지
자연을 벗 삼아 그림자를 동반자로
한 걸음 한 걸음 걸어오는 임

머리에는 갓모자
등에는 큰 꿈을 실은 배낭
두 발로 오는지
세 발로 오는지
마음속으로 그려 본 임

가끔 전파를 타고
보낸 사진을 보며
이런저런 이야기를 전하긴 하였지만

독이 되는지 약이 되는지…
한 장의 책장을 넘겨 봅니다

날씨가 큰 부조(扶助)를 한다는데
임이 날씨와의 싸움을
한 고비 한 고비 잘 넘기는지
통일 전망대 가기 전 속초에서
만날 날을 기다리는 마음

휴대폰이 울린다
설악산 입구 해안도로라는
반가운 목소리!

제자의 병고(病苦)

바위가 자갈로, 자갈이 모래로
풍화학교를 졸업해
모래와 황사로 쌓인
몽골의 고비사막

수개월 비 한 방울 품어 보지 못한
푸석푸석한 이곳에
메마른 바람에 시달려
가녀리고 서글픈 신음 소리 들려오는 곳

4월 어느 날, 기류에 휩쓸려
이곳으로 와
따사로운 햇살과 파란 수평선
푸른 산의 능선
반짝이는 밤하늘의 별들

모든 것을 가리고 흩트려 놓아
나의 감각과 마음을
어둡게 하는 불청객

황사와도 같은 불청객이
제자 P군을 덮쳤다는 소식을 듣고
안절부절못하는 내 마음
나의 기도

고원이 침몰한 자리
물을 가득 품은 큰 호수에
훈풍 불고 단비 내려
물의 노랫소리 들려주지 않겠니?

푸바오에게

너의 국적은 중국
출생지는 용인 에버랜드
직장은 용인 에버랜드 판다월드

언제나 뽀~얀 솜털에 귀 눈 코 입 앞다리 뒷다
리는 검정
앞다리를 중심으로 검은 띠를 가로로 한 바퀴 두른
단벌옷을 입고
대나무 잎을 앞발로 들고 먹는 모습이 흡사
아기가 우유병을 들고 먹는 모습과 같구나
마시는 것은 아니고 야금야금 먹는 모습
나무를 오르내리며 재주 부리는 너
뭇 사람들로부터 귀여움을 독차지하네
늘 단벌옷 입고 출근해도 환호해 주는 관객들
너의 사랑스럽고 꾸밈없는 행동에 취해

잠시나마 순수한 시선으로 동심으로 돌아간다
휑하던 마음이 따뜻해진다
따뜻하게 밀려오는 이 느낌이 행복감인가 보다

이제 본래 국적으로 무조건 복귀해야 하는 협약
중국으로 가야만 하는 너
너의 지능은 초등학생 수준이라 하던데
너를 보러 가는 수많은 사람들 중에 누군가
'니하오'가 아닌 '안녕! 잘 있었니'라고 말하면
반갑게 우리를 맞이해 주겠니?
사랑스러운 푸바오!
오래오래 행복하게 잘 살아라!
안녕~!

막내에게

마음 편할 때
앨범을 뒤적인다.

막내야!
잘하고 있지?

바다 건너 지구 반대쪽에서
바람 타고 들려오는
뚝딱거리며
풀고 조이는 손놀림

행여 다치면 어떻게 하나?

마음 편함은
기도가 약이구나

아!

막내 오늘도

무사하기를~!

호박 덩굴손

하늘 향해 자라는 법이 없고
땅속 깊이 파고들지 않으며
오직 낮게 포복하던 호박 덩굴

욕심 지나쳐 나뭇가지를 타고 오를 때
호박 끝순보다 먼저 선봉에 서는 덩굴손
휘몰아치는 비바람에도
점점 버거운 호박 덩이 무게도
완전한 결실 위해 감은 손 놓지 않는다

차가워진 공기에 말라 버린 덩굴손
가물거리는 기억을 헤집으며
내게 덩굴손이었던 이들 떠올려 본다

* 2024 강원 시니어문학상 우수상 당선작

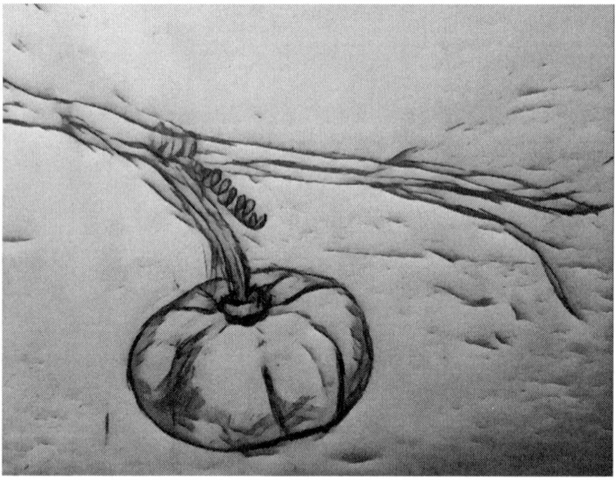

Ⅲ. 꿈과 설렘

선물

선물로 온 귤 한 상자
넓은 섬의 귤밭에서
햇살과 해풍 받으며
그 작은 몸에 맛과 향기를 가득 채웠다

귤은 하나씩 쪼개지고
서로의 손에 나누어지며
인생도 그러하듯이
기쁨은 나누고
아픔은 덜어 내는 것이라 말한다

귤을 나누는 손끝에
그 사람의 마음이 닿고
그 마음처럼 나도 그런 사람이 되고 싶다
귤 향기처럼
내 마음도 부드럽고 달콤히 퍼지기를

예전엔 미처 몰랐어요

글쓰기를 시작해 보니
옹알이 하는 아기처럼
표현하기 힘든 것을
예전엔 미처 몰랐어요

글을 쓰다 보니
세상에 존재하는 그 모든 것이
이렇게 의미 있고 가치가 있는 줄
예전엔 미처 몰랐어요

글을 써 보니
내 마음속에
내가 미처 알지 못한 내가 있음을
예전엔 미처 몰랐어요

글을 쓰다 보니
새로운 시선을 가진 나로
내가 성장한다는 걸
예전엔 미처 몰랐어요

고구마의 꿈

겨우내 잠든 고구마
이른 봄
온실 흙 덮어 주니
몸 군데군데
품었던 꿈 덩이들 줄기로 삐져나와
초록 부채 수줍게 펼칠 때
잎줄기 잘라
밭에 심었다

벚꽃잎들의 축하 팡파르 지나
잎마저 시들게 하는 지독한 가뭄
예고 없이 닥친 강한 비바람
견디고
초록 잎이 단풍에 물들 즈음
두근거리는 마음으로 캐어 보니

벚꽃 빛과 단풍 빛이 물들여진
자줏빛 보석 덩이들
어떤 것은 크고
어떤 것은 작고

오늘도
내년을 위해
다시 꿈 덩이들을 선별해
차곡차곡 상자에 담는다

엄지

낮은 두 계단
가장 작은 키로
최고를 바라보는 세상

지시하는 검지
우월감을 느끼는 중지
절대적 약속을 말하는 약지
열등감을 감추는 새끼손가락

그러나
모두가 서로 맞잡고
둥근 연결고리 만들어 간다

엄지에 새겨진
아름다운 나이테

시간이 지나면 우리는

서로를 품고 성장한다

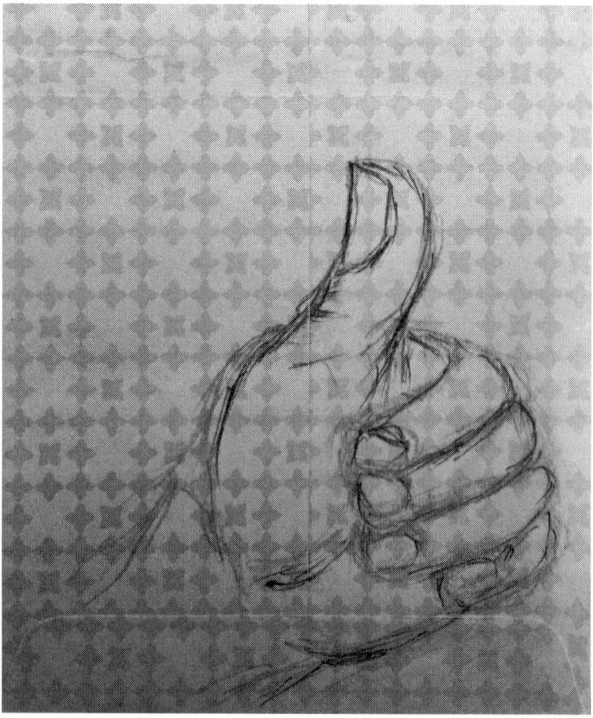

학교 편입 통보를 받고

풀 묻은 머릿수건 교모로
흙 묻은 작업복은 교복으로
낡은 고무신은 학생 운동화로

가슴 벅차게 들어간 교실
농기구 대신 잡은 필기구
한 줄 한 줄 이랑과 고랑 매던 밭 대신
한 줄 한 줄 새로 받은 교과서 배움으로

가장 큰 기쁨은
선생님과 친구들과 함께한다는 것
새 둥지에서 첫 비행의 기쁨
배움과 희망으로

그해 열여섯 소년은

세상을 다 가진 듯

행복했다

고봉[8](高峰)

얘, 만물(萬物)아 듣거라
너의 미모(美貌)의 수려(秀麗)함이 얼마이길래
구만 리(九萬 里) 나의 귀담(貴談)을 분토(糞土)와
같이 버리느냐
나의 용맹(勇猛)과 공명(功名)이 청사(靑史)에 빛
날 때
나 너를 멸시(蔑視)치 않으련다
우주 공간(宇宙空間) 속에
섬광[9](閃光)과 고봉(高峰)
반세기(半世紀) 동안 삶은
떠나면서 나의 행동(行動)과 언행(言行)은
당신(當身)의 뜻이라고 생각하며

---

8) 주어진 것에 최선을 다해 높은 봉우리 오르는 것이 삶의 목표라는 의미로 지은 시인의 호(號)

9) 고봉(高峰)을 비추어 주는 빛이라는 의미로 시인이 부인에게 붙여 준 호(號)

사랑으로 오뚝이처럼 겁겁(劫劫) 살리라

* 시를 써 볼까 생각하고 써 본 첫 작품, 2019

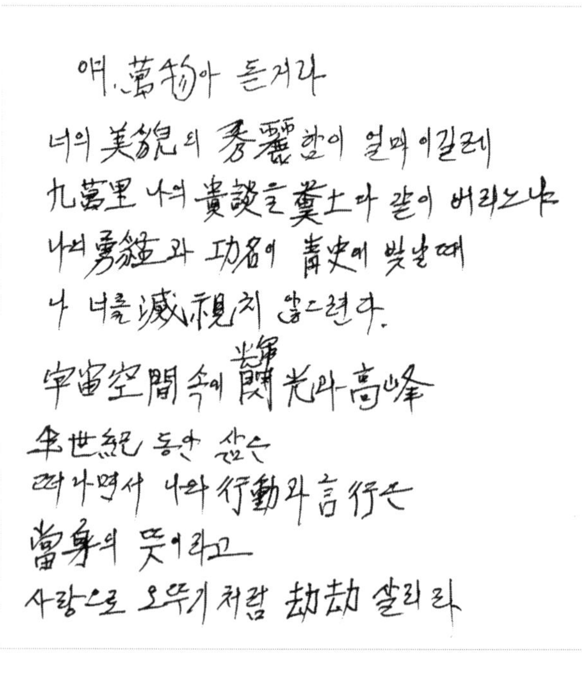
애, 萬物아 듣거라

너의 美貌의 秀麗함이 얼마이길래
九萬里 나의 貴談을 糞土다 같이 버리느냐
나의 勇猛과 功名이 靑史에 빛날때
나 너를 滅視치 않으련다.

宇宙空間 속에 輝光과 高峰
半世紀 동안 살은
떠나면서 나의 行動과 言行은
當身의 뜻이라고
사랑으로 오뚜기처럼 劫劫 살리라

두부된장찌개

콩꼬투리 노랗게 물들면
낫으로 목을 꺾는다
껍질째 겉옷 바싹하니 일광욕하면
작대기 방망이로 두들겨 맞고
비로소 탈피(脫皮)하는 노오란 콩알들

다시 불려 사람 손길 타
찧고 빻고 과정을 거쳐
끓는 물에 염을 넣어 일정 용기에
네모 두부

가정에 도착한 두부는
도마 위에서 또 한 번 잘려
입맛에 맞게
된장 친구와 어울려 찌개 속으로 풍덩

된장과 두부는 같은 뿌리의 친구
된장의 5덕[10)]을 생각하며
눈 코 혀가 즐겁다고 엄지를 척 세운다
두부된장찌개는 제1의 건강식품

10) 1. 단심(丹心): 다른 음식과 섞여도 자기 맛을 잃지 않는다.
2. 항심(恒心): 세월이 흘러도 변하지 않는다.
3. 무심(無心): 기름기(지방)를 없애 준다.
4. 선심(善心): 맵거나 독한 맛을 부드럽게 만들어 준다.
5. 화심(和心): 어떤 음식과 어울려도 조화를 이룬다.

새로운 길

평소에도 지신의 시간 희생하면서
나를 챙겨 주며 이끌어 준
박사님과 만나는 날

노년 길의 양 갈래 기로에서
이쪽 길이 내 길인데
새로운 길로 와이어 줄로 당기듯 한다
하는 수 없이 동참하기로
목표는 정했으나 날짜와 횟수는 추후 결정

일주일에서 발광체를 가진 요일은
일요일과 화요일
일요일은 인간의 힘으로 움직일 수 없기에
화요일을 시 모임의 날로 제안
(달, 물, 나무, 금, 흙은 모두 반사체)

시 공부 사양한 이유는 내 능력이 안 될 것 같아서
그리고
제자 박사의 1시간은 금 1kg 값과도 같기에
그럼에도 불구하고
80대 후반에 새로운 길을 선택한다

생과 사의 경계에서 웃음을 찾다

생(生)의 시험에 합격해 즐겁게 살고
사(死)의 시험에 합격해 꽃길을 간다
생과 사는 불합격이 없다

여보게들, 내일 없는 하루살이가
하루에 일생의 할 일을 마친 것처럼

우리는 현재에서 후회 없이 마음껏 누리고
살기를 바라네

용이 승천한 해 청춘 시니어 모임
- 13행시

용기 있는 시니어들이 모여서
이 세상 끝나는 날까지 꿈을 꾸며
승리의 별을 찾아 앞으로 나아간다
천상의 아름다운 마음을 가진 사람들
한 세월 지나도 마음은 청춘
해처럼 빛나는 우리

청춘 시니어 모임을 통해 수상(受賞)의 영광을 안은 나
춘풍처럼 따스한 우리 회원들
시의 길을 밝혀 준다
니체의 글에 담긴 삶의 철학 지표 삼아
어느 순간에도 목표를 향해 도전하며 살리라
모두 마음을 모아 힘을 실어 준
임들에게 감사의 마음 전합니다

2024 강원
비상
대피로

G14

행복

남들이 무어라
무어라 해도
형체도 없고 부피도 없고
크기도 냄새도 없는 것이
그저
하고자 하는 일이
순조롭게 풀리면
오늘은 행복한 날!
아무 탈 없이
평범하게, 그저 술술
풀리는 오늘!

새해를 맞은 각오

인간이 다른 생명체와 다른 한 몫은
새해 해맞이를 통한
소원의 바램이라 생각한다

새해 해맞이 위해
푹 잠에서 슬그머니 눈을 떠
해맞이 공원에 가니
쌍쌍이 또는 그룹들이
와글와글 모여 있다

용은 지난 365일
웃고 즐기며 슬프고 애처로워함을 뒤로한 채
그 빈자리를 바로 푸른 뱀이 차지하고
365일 우리와 함께하기를 다지니
이것이 자연의 순리다

떠오르는 해를 향해
자신의 건강과 행복
가족의 건강과 행복
목 터지도록 외친다
그런가 하면
두 손 모아 엄숙히 기도하는 이도 있다

새해를 맞이하는 나의 바램

나는 두 손을 턱에 대고
떠오른 해를 들숨으로 몸속에
해가 다 뜰 때까지 마시고 마셨다
나의 건강과 행복
가족의 건강과 행복

그룹 활동 청춘 시니어 시 모임
복스러운 꽃을 피우기 위해

새 뿌리, 새 가지, 새 잎에
땀방울 되어
세인들이 깜짝깜짝 놀라게 하기를 기원했다

Ⅳ. 감사와 봉사

협심증

가느다란 빨간 실들로 엉킨
노목 심장 속
한 가닥 혈관 통로 막혀
생명수의 흐름 차단
헐떡이는 숨 부여잡고 괴로워할 때
한 줄기 빛[11] 도움받아
비로소 트이는 숨

입원 소식 전해 듣고
하늘 비와 함께
생각지도 않게 내게 온 천사님들
청춘 시니어 시(詩) 모임 회원들!
위로의 말과 쾌유 기원에 위안받으며

---

11) 강릉 아산병원에서 담당 의사 박한빛 선생님의 성함 한 글자를 빌려 왔다.

가슴에 도는 따스한 온기
한 가득 위눈품 보따리
미안함과 고마움
푸르른 잎들 펼쳐 보답하리!

(2024. 6. 2. 강릉아산병원 병실에서)

내가 치매 환자가 된다면

내가 치매 환자가 된다면
고집이 더 세지겠지
누군가, 나를 바꾸려 할 때
내 고집으로 맞서겠지
내 안에 있는
마지막 자존심이
고집이 되어
내가 살아 있음을 알리는 것이니까

내가 치매 환자가 된다면
의심도 늘어나겠지
내가 사랑했던 사람
내가 믿었던 것도
모두 내 기억이 흐릿해져
불안에 떨며 나를 괴롭히겠지

누군가, 따뜻한 손길로
내 마음의 불안을 널어 주길

내가 치매 환자가 된다면
가족 중에서 마음속에 자주 나타나는
그 한 사람만을 찾을까?
그 사람이
내 곁에 있을 때
나의 기억은 잠시나마
안정을 다시 찾을 수 있을 테니

내가 치매 환자가 된다면
너의 손을 뿌리치며
문 열고 낯선 이곳을
벗어나려 안간힘을 쓰겠지
그래서 나간 길
발걸음은 흔들리고

길을 잃을까 두려워
내 발걸음은 멈추겠지
익숙한 곳을 찾으려는 노력 속에
안정감이 든다면
어쩌면 길 잃은 시간 속에서도
나에게 위로가 될지도 모르지

내가 치매 환자가 된다면
어디에 두었는지 기억나지 않아도
그 물건을 찾으려 애쓰겠지
그 물건을 찾으려는 시간은 길어지고
손은 점점 더 흔들려도 자꾸 찾는 건
그건 그곳에 두었던 내 마음을 잃지 않기 위해
서야

내가 치매 환자가 된다면
한 말 또 하고 또 하고

계속해서 듣는 너는
지친 얼굴도 나를 바라보겠지
내가 반복하는 말 속에서
내가 나를 붙잡으려 애쓰는
작은 신호라 생각해
그 말 속에 안정을 찾고
그 반복됨에서
내가 살아 있음을 느끼는 거겠지

내가 치매 환자가 된다면
감정에 흔들려 불안정해지겠지
작은 일에도 예민해지고
마음이 울컥해질 때
누군가의 지지가 내게 다가올 때
내 마음은 조금씩 고요해지고
불안은 조금씩 사라지겠지
내가 어떤 말을 하고

어떤 행동을 하든
그 감정 속에서 함께 있어 주길

내가 치매 환자가 된다면
일상 공간이 낯설고
모든 것이 희미해질 때
길을 나서겠지
그 길 위에서
어릴 적의 아버지, 어머니
그리운 얼굴들을 찾으려 하는 것이겠지
내가 아는 세상, 내가 알던 그리운 얼굴들을…
그렇게 생각해 주고 이해해 주길 바래

내가 치매 환자가 된다면
몸은 약해져
내 몸은 점점 나의 말을 안 듣겠지
욕창이나 골절이 내게 찾아올지 모르지만,

그저 평소처럼 움직이려 한다면
다시 일어설 힘을 찾으려고
누군가의 손을 잡겠지
그 손의 온기는
내 기억의 흔적이 되어
남아 있기를 바래

6월의 병상에서

갑자기 추락해 갇힌 백색 공간
병동과 병동 연결 통로 복도에는
일렬로 설치된 휴게용 의자
의자마다 입원 환자들
의자 옆엔 휠체어 환자들

자신에게 무관심한 죄로
모두 죄수복 같은 환자복 입은 사람들
하나같이 유리창 너머 바깥세상을
저 멀리 응시하고
나도 그 대열에 앉아 있다

따뜻한 초여름

사선(死線)에서

유리창 열고 닫히기를
하늘의 명령만을 기다리는 초소한 마음

검사 차트에 퇴원이라는 사인 떨어지자
강남 갔던 제비처럼
집으로 돌아간다는 기쁨!

아직도 닫힌 유리창 속에
초조한 이들에게
응원의 마음으로 안녕!

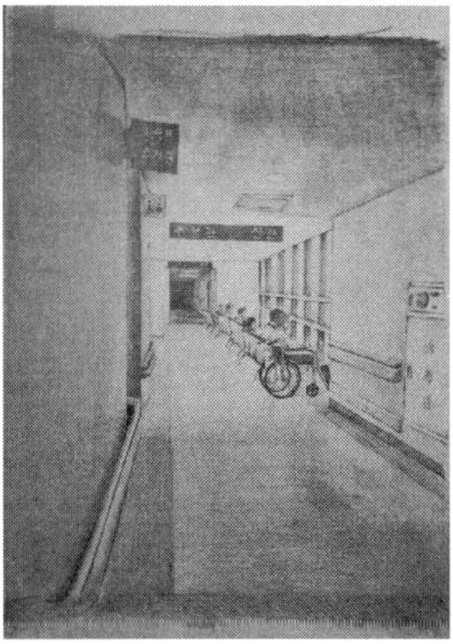

요양보호사

나이 들어 만난
새로운 이름, 요양보호사
노화의 그림자, 치매의 두려움 앞에서
내가 그 길을 선택한 이유는
집사람을 먼저 보내고 느낀 바가 커서
가족 이상의 마음으로 보살피고 봉사하는 삶

때로는 인도자가 되고
때로는 함께 바보가 되어 손을 잡고 걷는 길
환자가 불안해할 때
그 불안 속에서 나도 함께 흔들리지만
내가 그 길을 함께 걷는 것이
그에게 작은 평화를 줄 수 있다는 믿음

환자의 짜증 속에

내 마음은 아프지만
그 짜증을 벗 삼아 품고
마음으로 수용하며 가는 길
그들이 나를 필요로 할 때
언제나 곁에 있어 주리라는 다짐

노년의 나이에 내가 선택한 길은
희생과 봉사의 길
마음을 다해 행하는 사랑
환자의 웃음 속에서 내 마음은 채워지고
힘든 순간 지나면 모든 것들이 의미 있게 다가
오고
하여, 그 길이 결코 외롭지는 않다

일을 하는 동안은
나의 노화도 천천히, 그리고
도움이 필요한 사람을 위해

마음과 정성을 다하는 것
그 안에서 진정한 사랑을 배우고
그 사랑 속에서 나는 다시 태어난다

죽음을 생각하며

살아 있다는 것은 활동하는 것
죽음은 활동이 멈추는 것
살아 있을 때는 한 손 가득 가지려 애쓰지만
죽음은 빈손으로 가는 것

오래 살고 빨리 가는 것은
산의 높고 낮음
바다의 깊고 얕음
고도에 따른 구름의 차이

죽음은 삶의 연장선
떠나기 전
가족에게는 “사랑한다”라는 말을
지인에게 섭섭한 일을 했었다면

"용서하라"라는 말과 국화[12] 한 송이
나에게 죄를 지은 사람이 용서를 바란다면
기꺼이 용서하고 떠나리라

12) 성경에 의하면, 국화는 하나님께서 마지막으로 창조하신 꽃이라 한다.

단풍 같은 인생

늦가을
겨울을 견디기 위해
나뭇가지마다 눈에는
형형색색 겹겹의 비늘 이불을 덮고
가지에 꼭 붙어 엎드려 있다

혹독한 추위 겨울바람
이리 맞으면 저리 피하고
저리 맞으면 이리 피하고
고요하면 제자리로 오기를
수없이 반복하는 나뭇가지

훈풍의 봄이 오면
겹겹의 비늘 이불 벗어 던지고
서로 다투며 경쟁으로 자라고

한여름 오면 자람의 경쟁이 극에 달하던 나뭇
잎들

선선한 바람 가을이 되면
남에게 배려 없이
자신만의 욕심이 있었다는 것을
비로소 자성하고
마지막 생을 마감하기 전
아름다운 모습을 보이는 단풍이야말로
인간에게 주는 값진 봉사 아닐런가?

삶의 마지막 우리의 삶도
단풍처럼…

감기

쇠약해진 몸을 어떻게 알고 들어왔을까?
온몸 구석구석 돌아다니며
신경과 감각을 들쑤시고 고통을 주는
이놈의 감기

극심한 통증에 사지가 후덜덜
끙끙대며 뒤척이며 지새운 밤
내게로 온 이유를 다시 생각해 보니
내 정신이 내 몸을 가혹하게 쓴 결과라고
일깨워 준 감기는 친구가 아닌가?
차라리 친구 삼으니
감기는 내게 인사하고 내 옆을 떠났다

괘종시계와 인생

벽에 고정된 채
좌우로 쉼 없이 움직이는
황동색 원형 추
괘종시계의 심장

혹독히 추운 겨울
추 길이가 짧으면
똑똑똑…
빨라지는 심장 소리와
빨라지는 시계의 손과 발
시침과 분침

조급한 마음을 왼쪽 태엽
살짝 풀어 놓으니
뎅그렁~ 청량한 소리

씨앗도 발아하기 힘든 무더운 여름
생명 추 길이 어느새 길게 늘어지면
또오딱 또오딱
느려지는 심장 소리와
느려지는 손과 발

나약해진 육체와 연약해진 마음
오른쪽 태엽 살짝 감고 또 풀어 놓으면
숫자에 따라 뎅그렁 뎅그렁
둔탁한 타종 소리

너무 조여도
지나치게 풀어도
끊어지는 생명 추 소리
똑딱 똑딱
지금은 정상 궤도

노년의 샛별

땀방울로 가득 찬
노트북 망태를 등에 지고
손에는 수업 자료
머릿속에는 시심과 감성의 보물을 담고
오늘도 봉사하는 청춘 시니어

감기라는 불청객 힘들어도
내색 없이 이끌어 주는
길잡이
노년의 샛별

사람들은 알까?
심신이 나약해진 노인에게
젊음의 빛 일깨워 주는 걸
오늘도 그 빛을 발하고 있는
씩씩한 샛별

도시락 배달

성도들의 정성 담긴 헌금으로
배달된 도시락
도움이 필요한 이들에게 전해지는
사랑의 도시락

계절의 맛을 담은 반찬들
요양 케어 하는 대상자
환자의 안전을 생각하여
생선 가시 발라내어
입안에 넣어 준다
야금야금, 소리 내어 씹으며
맛있게 먹는 모습 지켜보니
그 속에서 찾는 작은 기쁨

배달된 도시락 한 끼에 고마운 삶

사랑의 손길로 나눠 주는 따뜻함
따뜻한 사랑을 따뜻하게 전해 주는 즐거움
전해지는 사랑에 내 마음도 채워진다

바둑을 두는 일

바둑판 위에 놓인
하얀 돌과 검은 돌
하나하나 선택과 결단이 필요하다

처음에 놓은 작은 돌이
바둑판 위에 쌓여
길을 만들어 갈 때
때로는 실수로
자신의 돌이 죽어 간다
그 실수 속에 아찔함을 느끼지만
그래도 우리는 배워 간다
더 나은 선택을 위해

결국 이기는 것은
몇 개의 돌을 더 많이 두었는지가 아니라

돌을 놓을 때마다
얼마나 의미 있게 놓았는지에 있다
그것이 우리의 삶이기 때문이다

요양보호사 보수 교육

짝수 출생자 34명
모두 육칠십 대 여성 요양사
그중에 청일점
90대 남성 한 사람

꽃밭 맨 뒷자리에 앉아
새 학기 새로운 담임 선생님을
기다리는 마음
훤칠한 키에 검은 바지 입고
등장하는 강사님
인사와 함께
뜨거운 환영의 박수

능숙한 강사의 전달 방법에
하하, 허허 꽃들의 웃음

4 無 냄새, 욕창, 낙상, 와상
2 脫 기저귀, 신체 억제대
머리 끄덕끄덕
긍정과 공감의 몸짓

굳은 몸 펼쳐
신체 활동 따라 하기
모두 열심히 따라 배우는 동작
교육 끝나고 수료증 받고 귀가하는 길
실버환자를 위한 봉사의 꽃이고 싶은 우리
환자들에게만 보이는 아름다운 꽃
그런 꽃밭을 볼 때마다
내 나이 구순(九旬)에도 봉사를 더 하고 싶다

운전면허증

육십여 년 나와 함께한 자격증
일 나가기 전 챙겨야 할 중요한 소지품

남으로는 울진
조상 묘 찾기 족보 정리
중부는 충청도 천안
집사람 건강 돌봄의 수많은 행보
원주 철원 친척 방문
북으로는 통일 전망대
친구들과의 드라이브 관광
친구들에게는 내 차가 택시
영동 영서 옛 동료들과의 모임
오랜 세월 밭농사 운송 수단

세월 따라 구순(九旬)에

운전도 작별할 때가 되어
자칫하면 남에게 상처 줄 수도 있다는 생각
고심 끝에 결단
관청에 면허증을 반납하는 순간
아쉬움과 애처로움과 시원함

나와 나의 용마(龍馬)를 인정해 준 너
나의 귀중한 소지품 운전면허증
안녕!

제자의 축사

To Sir with love

제자 김웅기

(전 춘천고등학교 교장)

선생님은 속초중학교 2학년 재학 때 추앙해 마지않던 담임선생님이셨다. 강원 교단에서 수십 년을 교원으로 함께 지내면서도 동(속초)과 서(춘천) 사이의 산맥을 '넘사벽'이라 핑계하고 인사 없이 지냈다. 뒤늦게 나타나 공부를 '학교 아닌 집'에서도 하는 것이라는 가르침을 당신께 처음으로 얻었었노라고 고백하는 제자를 깊이 품어 지금도 여전히 세상 사는 마음 모양의 모델이 되어 주시는 '나의 선생님'이 생애 첫 시집을 내신다. 시집 출간을 도맡아 주도면밀하게 추진하고 있는 친구가 축하 원고를 청하면서, 출판사에 넘긴 '선생님 시집' 원고 파일을 메일로 보냈다지만, 나는 아직 그것을 열지 않았다. 완성

된 시집으로 만나야 너무 엉성하게 살아온 데다가 선생님께 대하여는 '허술한 제자 흉내'조차 제대로 못 내는 송구함을 조금이라도 덜게 되리라는 제 딴의 소견에서다.

2021년 3월 28일 17:30, 속초시 장사동의 어느 횟집. 부산에서부터 해파랑길을 홀로 걸어 28일째에 도착한 거기서 선생님과 친구를 만났다. 걷는 동안 무시로 걱정 어린 응원 메시지를 보내 주시던 선생님이 마련한 저녁 식사 자리였다. 선생님이 잠깐 자리를 비운 사이, "시집 내 드리려고……." 친구가 비밀인 듯 작은 소리로 말했다. 오, 하며 놀라는 표정을 지었지만 믿지 않았다. 내심으로는 욕심이 과하구나, 했던 것 같다. 과학 선생님이셨고, 평소 사고방식 또한 철저히 자연과학적이고, 자기 자신에게 엄청 엄격하고, 감성적이기보다는 철학적인 엄숙주의가 강하고, 연세도 그렇고……. 하여 친구가 많이 도와드린다면 일상의 생활을 담은 수필 모음집 정도는 가능하지 않을까 생각했다. 교단 생활, 사생활, 은퇴 후 생활 등 생애에 걸쳐 평범하지 않은 에피소드는 차고 넘치는 분이니까.

그 후 더러더러 '선생님 시집' 얘기를 들었다. 시심이 깊으시다는 얘기도 들었다. 어쩌다 찾아뵐 때 친구가 꺼내는 시집 얘기에 무심한 듯, 부끄러운 듯 은근히 동의하시는 느낌도 들었다. 작품도 드문드문 내어놓으셨다. 뜻밖의 시적 감성도 언뜻언뜻 보였다. 그러는 동안 '선생님 시집'의 탄생 분위기가 가파르게 무르익었다. 더불어 친구의 시집 출간 계획도 가파르게 구체화되었다. 친구 주도로 자신의 지인 2인을 포함하여 '4인의 시 공부 동아리'를 만들었다는, 이들이 정기적으로 선생님의 시를 교재로 시 공부 시간을 갖는다는 상황에 이르러 시집 출간은 기정사실이 되었다. 시를 대하는 선생님의 태도도 현저히 진지해지셨다. 여전히 조심스러워하셨지만, 자신감도 조금씩 내비치셨다.

2024년 10월 4일 늦은 저녁, 속초 엑스포공원의 카페 마리스텔라. 시 공부 동아리 '청춘 시니어 시 모임' 회원 4인과 청초호 너머로 해안을 따라 펼쳐진 야경을 한가로이 바라보고 있을 때였다. 선생님께서 인쇄된 A4 용지 2장을 주춤주춤 내미셨다. '2024. 9. 7.'이 메모된 「호박 덩굴손」과 '2024. 9. 25.'가 메모된 「야경의 불빛」, '청춘 시니어 시 모임'의 교재로 선생님이 가져오신 자작시 '초고'였다. 읽는 순간, 둘러앉은 시모임 4인은 사라지고 핀 조명을 받으며 시 자체인 선생님과 홀로 오롯이 만나는 환상에 빠졌다. 선생님의 정체성이 내게 '시 쓰는 선생님'에서 '시인'으로 변신하는, 우주 팽창을 처음으로 인지하는 순간을 방불케 하는 대전환의 특이점이었다. 특히 평소 느끼던 선생님의 연륜과 고집스러운 세계관이 그대로 옮겨져 시라고 불리는 언어예술에 담긴 「호박 덩굴손」은 그 후 오랫동안 연이어 퍼지는 파장처럼 내 의식의 언저리를 맴돌았다. (이 작품이 『강원일보사』의 강원 시니어 문학상 공모에서 우수상을 수상했다는 뉴스를 접한 2달 후인 12월 9일의 느낌은 이 순간의 감격에 비할 바 아니었다.)

해파랑길 완주 후, 가끔 보내 드렸던 나의 길 위 사진을 가지런히 붙이고 사진마다 정성 촉촉한 메모를 적어 넣은 사진첩을 건네주실 때, 그동안 카카오톡으로 보내 주셨던 응원 메시지에 담긴 감성까지 얹어 울컥하면서도 전혀 감지하지 못했던 선생님의 감성. 선생님의 이런 감성을 시심으로 알아보고 북돋우고 결실까지 밀어 올린, 선생님의 교직 동료에 불과한 주제에 감히 제자라고 부득부득 우기는 외우(畏友), 소녀 시니어 권혁녀 박사에게 선생님의 모든 제자를 대신하여 진심의 감사를 표한다.

세상에 오신 지 90년 4개월, 여전히 열정의 젊음을 구가하고 계신 선생님의 첫 시십 출산을 축하드리며, 주상윤 시인의 긴 정진을 기원한다.

***

【선생님과의 정담 한 장면】

2024년 5월, 찾아뵙고 돌아온 한 주일 후 선생님이 메시지를 보내셨다.

스승의 날

젊음의 쇳소리로
온 마을 누비던 시절을
뒤안길에 놓고

새 지인과 시(詩) 나누는 길목

멀리 저 멀리서 소식 듣고
선물꾸러미 싣고
한숨에 달려온 한 사람

우리는 한 가족 되었네.

(2024/ 05/ 27)

사흘 후, 선생님의 시심에 조응하듯 내 가슴이 화답했다.

나의 선생님

벼름을 벼슬인 양
어정어정하던 끝
폭삭은 정(情) 품고
문득 나선 속초행

쇠도 녹일 뜨거운 삶에
세월 지혜 넉넉히 얹은 나의 선생님

오손도손 설악 품 시(詩) 동무들 함께

거친 제자 정
슬며시 안으시네.

(2024. 05. 30.)

조지훈(「완화삼」)과 박목월(「나그네」) 시인의 교류를 감히 떠올리며, 이렇게 뻔뻔한 내가 참 좋다고 홀로 웃는다. 고마운 나의 선생님!

선생님은 초슈퍼 에이저(super-ager)

권혁녀

(한국치매예방강사협회 - 속초 센터장)

선생님! 시집 발간을 축하드립니다.

80대에 머뭇머뭇하시다가 시작한 시(詩) 공부가 구순(九旬)에 이르러 시집 『9학년의 설렘』이라는 열매로 결실을 보게 되었습니다. 선생님께서는 해내시리라 저는 믿었습니다. 언젠가 지나가는 말로, 고등학교 때 시를 낭송하고 국어 선생님께 칭찬받으신 적이 있다고 말씀하셨을 때 저는 그 말씀을 놓치지 않았습니다. 그리고 한번 맘먹으면 기필코, 끝까지 해내시는 성격이시라는 걸 알고 있었으니까요.

시(詩)라는 걸 공부해 보자 결심을 하고 나서, 시를 써서 이메일로 보내자면 이메일 계정을 만들어야 하는데, 이메일 계정도 검색을 통해 손

수 만드셨습니다. 그러고 나서 이메일 첨부 파일 보내기와 이메일 받기, 다운로드하기, 폴더 만들기, 다른 이름으로 저장하기 공부를 시작하셨지요. 시가 어렵다고 도중에 그만두겠노라 몇 번이나 포기하시기도 했지만 결국은 다 해내셨습니다.

청춘 시니어 시(詩) 모임에서 김소월의 「진달래꽃」을 낭송하고 암송해 보기로 하면서, 마야의 노래 「진달래꽃」을 함께 부르던 시간 어색해 하시던 선생님 모습도 생생합니다. 시 모임에서는 김소월의 시도 패러디해 보고, 나태주 시인의 시도 흉내 내 보았지요. 선생님은 시 낭송도 좋아하셨구요, 회원들 중 숙제를 가장 잘해 오신 모범생이셨습니다.

선생님은 2019년 사모님을 여의시고 참아 왔던 슬픔과 그리움을, 시를 만난 이후 '연분홍 벚꽃 빛 손바닥'으로, 순종적인 '암소'로, '껍질만 남은 빈 고동'으로, '징롱'으로 표현하시게 되었습니다. 그 과정을 함께하면서 우리 회원들은 놀람과 감동의 물결을 선물로 받았습니다.

가을바람이 달다고 하시고, 나뭇잎이 '파르르~' 떠는 소리와 '파~르르르' 떠는 소리가 다르게 들리면서 '설렘'을 느꼈다 하셨을 때 우리 회원들 모두 설렘에 전염되기도 했습니다.

이제 연세도 있으시니 요양보호사 일은 그만두시라고 회원들이 이구동성으로 대화를 나누던 날, 아무 대답이 없으시던 선생님은 그다음 주에 「선(線)」이라는 시를 써 오셨고 우리 회원들은 송구스러워했습니다.

세계적 베스트셀러 소설 『창문 넘어 도망친 100세 노인』의 주인공 알란 칼손이 떠올랐습니다. 알란 칼손은 요양원에서 100세 기념 파티를 준비하는 시간에 창문을 넘어 도망쳐 나와 갱단과 쫓고 쫓기는 기상천외하고도 재미있는 삶을 살아갑니다. 선생님은 다른 형상의 알란 칼손이라는 생각이 든 겁니다. 남들의 선입견과 고정관

념을 거부하고 선생님의 의지대로 주체적인 삶을 사시겠다는 메시지를 담은 시였습니다.

2024『강원일보』시니어문학상 공모전에 응모하실 때도 떨어지면 부끄럽다고 저희들 몰래 응모하셨는데, 우수상 당선의 영광을 거머쥐게 되셨습니다.

선생님은 90세 청춘노인의 본보기이십니다. 90에도 농사를 지으시며 시도 쓰시고, 요양보호사 활동도 할 수 있다는 것은 놀라운 일이 아닐 수 없습니다. 농사를 지으시며 흙과 대화하고, 농작물과 교감하며 건져 올린 감수성과 요양 봉사활동을 통해 얻은 생로병사에 대한 깨달음 등이 이 시집에 담겨 있습니다. 80대가 되어도 좋은 두뇌 기능을 유지하는 사람을 '슈퍼 에이저(super-ager)'라고 부르는데, 선생님은 90대이시니 초슈퍼 에이저이십니다.

선생님께서 시(詩)를 알게 되면서 새로운 삶을 사는 것 같다고 말씀해 주시고, 고목에도 꽃이 핀다고 써 주셨을 때 저는 참으로 고마웠습니다.

시(詩)를 통해 계속 외쳐 주세요. 고목에도 꽃이 핀다고! 나이 90은 숫자에 불과하다고, 꿈이 있으면 아직 청춘이라고 말입니다.

그런데요, 선생님! 이제는 진짜 선생님 자신을 위해서, 창문을 한 번 더 넘어 주셨으면 합니다. 기존의 창문을 넘어 선생님도 알란 칼손처럼 열다섯 살쯤 어린 여성과 손잡고 발리 해변을 거니는 꿈도 좀 꾸어 보시길 소망합니다. 고맙습니다!

20230812 더덕꽃

종합 **설악신문 2024.12.23일자**

팔순 후반에 시작한 시 공부, 구순에 빛을 발하다

90세에 농사 지으며 시 쓰는 주상윤 전 교장
2024 강원 시니어문학상 시 부문 우수상 수상
'청춘시니어 詩모임' 회원…요양보호사로도 활동

주상윤 시인이 지난 14일 2024 강원 시니어문학상을 수상하고 있다.

80대 후반에 시 공부를 시작해 90세에 '2024 강원 시니어문학상' 시 부문 우수상을 수상했다. 내년에는 시집도 발간할 계획이다.

속초시 금호동에 살고 있는 농부시인 주상윤(속초고 2회) 씨의 이야기다. 주 시인은 1999년 동광농공고 교장으로 퇴임한 이후 농사에 전념하다가 3년 전부터 시에 관심을 갖게 되었다.

사제 간 모임에서 웰다잉에 대한 대화를 나누던 중, 자서전이나 시 쓰기에 대한 제자의 권유를 받았다. 처음에는 "이 나이에 무슨~" 하면서 손사래를 쳤다고 한다. 그러다 제자의 지속적인 권유로 시집 읽기를 거쳐 지난해 말부터는 사제 간의 정기적인 시 모임을 하게 되었다. 60대와 90대가 함께하는 '청춘시니어 詩모임'이다.

주상윤 시인은 지난 1년간 매주, 혹은 격주 모임을 하면서 시 쓰기의 어려움에 포기할 생각도 몇 번 했지만, 그래도 한번 해보자고 마음을 다잡고 열심히 시 읽기와 시 모임에 참여했다고 한다.

"시를 쓴다는 것은 모든 언어와 사물을 다시 보게 하고 다시 생각하게 하는 힘을 줍니다. 어휘력을 기르기 위해 자연스럽게 공부를 하게 되었어요."

90세에 '2024 강원 시니어문학상' 시 부문 우수상을 수상한 주상윤 농부시인

'청춘시니어 詩모임' 회원들과 함께 한 주상윤 시인.

주상윤 시인은 구순의 나이에도 농사를 지으며 시도 쓸 수 있다는 '청춘노인'의 본보기를 보여준다. 뿐만 아니라, 시인은 요양보호사로도 활동하고 있다. 주변에서 이제 그만 쉬라고 만류해도 요양보호사 일은 매우 의미 있는 봉사활동이라며 할 수 있을 때까지는 하겠다고 소신을 굽히지 않는다. 2017년에는 우수요양보호사 표창장을 받기도 했다. 그야말로 나이 90은 숫자에 불과하고, 꿈이 있고 목표가 있으면 아직 청춘임을 실감케 한다.

농사를 지으며 흙과 대화하고 농작물과 교감하며 건져 올린 감수성과 요양 봉사활동을 통해 얻은 생로병사에 대한 깨달음을 시로 표현해내는 구순의 시인은 "시를 배우면서 다시 태어나, 새로운 인생을 사는 느낌"이라고 말한다.

2024 강원 시니어문학상 시상식은 지난 14일 '2024 강원 시니어 산업박람회'가 열린 강릉 아이스 아레나에서 열렸다. 주상윤 시인의 수상작은 '호박 덩굴손'이다.

장재환 기자

아름다운 사제동행
2023. 7. 4.

20220912
은사님과 두 제자

스승님! 감사합니다. 2024.

스승님! 감사합니다. 2024

TERRA